WILD BILL HICKOK

LEYENDA DEL OESTE AMERICANO

LARISSA PHILLIPS

**TRADUCCIÓN AL ESPAÑOL:
TOMÁS GONZÁLEZ**

The Rosen Publishing Group, Inc.
Editorial Buenas Letras™
New York

Published in 2004 by The Rosen Publishing Group, Inc.
29 East 21st Street, New York, NY 10010

First Spanish Edition 2004
First English Edition 2004

Cataloging in Data

Phillips, Larissa.
[Wild Bill Hickok. Spanish]
Wild Bill Hickok: Leyenda del oeste americano / Larissa Phillips.– 1st ed.
    p. cm. – (Primary sources of famous people in American history)
Summary: Profiles the life and exploits of William Hickok, the legendary Western sharpshooter known as Wild Bill.
Includes bibliographical references and index.
ISBN 0-8239-4146-9 (library binding)
ISBN 0-8239-4240-6 (pbk.)
6-pack ISBN 0-8239-7616-5
1. Hickok, Wild Bill, 1837–1876—Juvenile literature. 2. Peace officers—West (U.S.)—Biography—Juvenile literature. 3. Frontier and pioneer life—West (U.S.)—Juvenile literature. 4. West (U.S.)—Biography–Juvenile literature. [1. Hickok, Wild Bill, 1837–1876. 2. Frontier and pioneer life—West (U.S.) 3. West (U.S.)—History—1860–1890. 4. Spanish language materials.]
I. Title. II. Series.: Primary sources of famous people in American history. Spanish.
F594.H62P48 2004
978'.02'092—dc21

Manufactured in the United States of America

Photo credits: cover, pp. 5 (bottom), 11 (top) courtesy of Kansas State Historical Society; pp. 4, 19 (bottom) Library of Congress Geography and Map Division; p. 5 (top) courtesy of Larissa Phillips; pp. 7, 15, 20, 28 Library of Congress Prints and Photographs Division; p. 8 Wilbur H. Siebert Collection, Archives of the Ohio Historical Society; pp. 9, 11 (bottom), 13 Library of Congress Rare Book and Special Collections Division; p. 10 © John Conrad/Corbis; pp. 12, 29 © Corbis; p. 14 Rare Book, Manuscript and Special Collections Library, Duke University; p. 17 courtesy of the Amon Carter Museum; p.19 (top) New-York Historical Society, New York, USA/The Bridgeman Art Library; pp. 21, 27 courtesy of Nebraska State Historical Society; p. 22 courtesy of Garst Museum; p. 23 © Hulton/Archive/Getty Images; p. 24 courtesy of South Dakota State Historical Society; p. 25 courtesy of Buffalo Bill Historical Center, Cody, WY.

Designer: Thomas Forget; Photo Researcher: Rebecca Anguin-Cohen

CONTENIDO

1 NACIMIENTO DE UN TIRADOR EXTRAORDINARIO

James Butler Hickok, apodado "Wild Bill" (El Loco Bill), nació en Homer, Illinois, el 27 de mayo de 1837. Fue el quinto hijo de William Alonzo Hickok y Polly Butler, pareja de Vermont que se casó en 1829. En la década de 1830 la familia se mudó a Illinois.

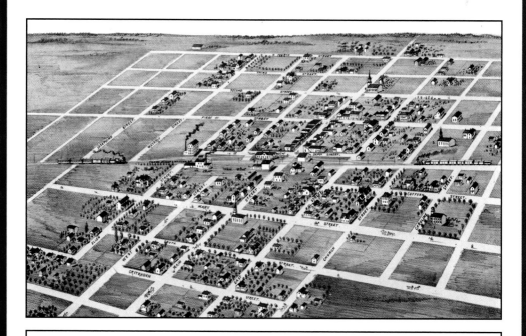

Este mapa panorámico de Homer, Illinois, fue dibujado en 1869 y se encuentra hoy en la Biblioteca del Congreso, en Washington, D.C.

William Alonzo Hickok, descendiente de los Hickocks británicos y padre de James Butler, nació en Vermont en 1801.

Polly Butler, natural de Bennington, Vermont, se casó con William Alonzo Hickok en 1829. Después de vivir por varios años en el noreste del país, la pareja se mudó al sur, al estado de Illinois.

Los Hickok fueron colonizadores que trabajaban muy duro para sobrevivir. Obtenían sus alimentos por medio de la agricultura y la caza. Fabricaban sus propios vestidos y muebles, e incluso su propio jabón. Pero también ayudaban a escapar a esclavos fugitivos. Esto iba en contra de la ley.

EL FERROCARRIL CLANDESTINO

La esclavitud fue legal en algunas partes de Estados Unidos hasta 1865. Algunos ayudaban a los esclavos a escapar. Los escondían en sus casas y los ayudaban a llegar a la próxima casa en la que se ocultarían. A esta red de ayuda se la llamó el Ferrocarril Clandestino.

UNITED STATES SLAVE TRADE.

1830.

Este grabado abolicionista muestra el tráfico de esclavos en Estados Unidos a comienzos del siglo XIX.

En esa época la esclavitud era legal en Estados Unidos. La familia Hickok pensaba que la ley era injusta. Aquellas tempranas experiencias quizás ayudaron a que el joven James se convirtiera en el hombre que más tarde fue. Conocido después como "Wild Bill", James Hickok fue una de las personas más famosas del Lejano Oeste.

El establo que aparece en esta fotografía, fue uno de los escondites del Ferrocarril Clandestino.

Este cartel con la imagen de un esclavo encadenado, sirvió para ilustrar el poema "Nuestros compatriotas encadenados", de John Greenleaf Whittier, publicado en 1837, que manifestaba los horrores de la esclavitud.

2 RUMBO AL OESTE

Hay muchas leyendas sobre Wild Bill.
Durante algunos años, cambiando siempre
de trabajo, fue alejándose cada vez más
hacia el oeste. En una de estas historias se
cuenta que fue atacado por un oso. Cuando
se le cayó el revólver de la mano, luchó
cuerpo a cuerpo con el animal, lo derribó y
lo mató con un cuchillo.

Esta fotografía de Abilene, Kansas, *(arriba)* fue tomada más o menos diez años después de que Hickok fuera nombrado alguacil del distrito, cargo que el Congreso creó en 1789. En la siguiente ilustración *(abajo)* de 1867, se describe una de las numerosas historias que circularon sobre la vida de Hickok.

En otra famosa historia se dice que Wild Bill se vio obligado a matar a nueve hombres en defensa propia. Algunos aseguraron que sólo había matado a tres y que lo hizo por diversión. Quizá fue entonces cuando se ganó el sobrenombre de "El Loco Bill". Nadie sabe con seguridad cómo el joven colonizador se convirtió en legendario tirador del Lejano Oeste.

Es muy probable que muchas de las anécdotas que se cuentan de la vida de Wild Bill sean exageraciones. Por eso se le considera con frecuencia una leyenda del Lejano Oeste.

Wild Bill Hickok sirvió de tema a muchas publicaciones. Esta novela barata, *Wild Bill, el asesino de indios*, publicada en 1867, fue uno de los muchos libros que contaban la historia de su vida.

3   ¡ARRESTADO!

En 1861, cuando comenzó la Guerra Civil, Wild Bill luchó por la abolición de la esclavitud. Muy pronto el ejército confederado lo arrestó por sus acciones. Los soldados lo ataron y lo metieron en una choza que hacía las veces de cárcel. Le dijeron que lo fusilarían en la mañana.

Este dibujo presenta la Batalla de Gettysburg durante la Guerra Civil. Gettysburg, Pensilvania, fue escenario de una de las batallas más decisivas de la guerra, librada en julio de 1863.

Esta fotografía de 1863 capta a un grupo de soldados confederados en Charleston, Carolina del Sur, durante la Guerra Civil. En aquellos días Hickok informaba sobre los movimientos de los confederados desde las líneas enemigas.

La situación de Wild Bill parecía desesperada; sin embargo, un destello metálico atrajo su atención. ¡Se trataba de un cuchillo! Con él se liberó de las cuerdas que ataban sus muñecas y mató al guardia. Rápidamente se vistió con las ropas del guardia y escapó.

LA GUERRA CIVIL

La Guerra Civil se libró entre 1861 y 1865. El Norte, o el bando de la Unión, quería abolir la esclavitud. El Sur, o bando de la Confederación, quería mantenerla. Murieron miles de soldados estadounidenses. Al final ganó el Norte y se acabó la esclavitud.

En 1867, cuando Bill Hickok era alguacil, el fotógrafo profesional E. E. Henry lo convenció de que posara para un retrato formal en Leavenworth, Kansas.

La Guerra Civil terminó en 1867 y, dos años después, Wild Bill fue nombrado alguacil, y luego sheriff, de algunos de los pueblos más violentos de Kansas. Luego lo llamaron para pelear en las llamadas "guerras indias" en las que los colonizadores y los indios peleaban por la tierra.

LAS GUERRAS INDIAS

Las guerras indias eran conflictos entre los indios norteamericanos y el ejército, que se estaba apoderando de sus tierras. A este período de la historia estadounidense se la conoce como "época de las guerras indias" (1866–1890). Los indios ya habían sido expulsados del este del país. Ahora el gobierno quería las tierras del oeste.

En esta litografía *(arriba)* un artista ilustra un ataque contra los indios en el río Tippecanoe, Indiana, en 1811. El siguiente detalle de un mapa *(abajo)* ilustra el desarrollo industrial de Kansas City, Missouri, en 1871 aproximadamente.

4 WILD BILL, EL ARTISTA

Durante las guerras indias, Wild Bill sirvió de guía y de jinete mensajero del general George Custer. Para que los indios no lo mataran, se disfrazaba y viajaba por la noche.

El general George Armstrong Custer (1839–1876) en 1864. A pesar de haber desempeñado un papel prominente en la Guerra Civil, a Custer se lo recuerda más por sus luchas contra los indios, como en la batalla de *Little Big Horn*.

El aspecto de Wild Bill en esta fotografía hace pensar que fue tomada durante la época en que trabajaba en el espectáculo del Lejano Oeste (1872–1873).

Al terminar las guerras indias, Wild Bill era famoso. Se decía que si alguien lanzaba una moneda al aire, Wild Bill podía hacerle un agujero de un disparo. Durante un año actuó en el espectáculo del Lejano Oeste, de Buffalo Bill. Pero a Wild Bill no le agradaba la vida del espectáculo y muy pronto regresó al verdadero oeste.

Wild Bill se hizo famoso con su estilo de vida antes de convertirse en actor. Además de actuar en el espectáculo del Lejano Oeste, actuó en una obra de teatro llamada *Scouts of the Prairies.*

En este cartel de 1899 se anunciaba el espectáculo del Lejano Oeste, de Buffalo Bill.

5 MUERTE DE UNA LEYENDA

Wild Bill siempre dijo que moriría con las botas puestas, y así fue. En 1876 se dirigió a Deadwood, Dakota del Sur, en busca de oro. Deadwood era un pueblo violento, donde a menudo se producían riñas en los bares que terminaban a tiros. Wild Bill, que amaba el juego, se sintió como en casa.

Esta fotografía de Deadwood, Dakota del Sur, fue tomada en la época de la llegada de Hickok.

Wild Bill Hickok *(izquierda)*, Texas Jack Omohundro *(centro)* y Buffalo Bill Cody *(derecha)* aparecen en esta fotografía, que algunos historiadores sitúan en el año 1873.

Una tarde de 1876, Wild Bill jugaba póker en un bar llamado *Saloon Number 10*. Llegó un hombre llamado John McCall y le disparó en la parte posterior de la cabeza. La gente que había en el bar atrapó a McCall y lo entregó a la justicia.

EL ÚLTIMO ROMANCE

En 1876, cinco meses antes de su muerte, Wild Bill se casó con Agnes Lake Thatcher, en Cheyenne, Wyoming. Era una jinete renombrada que alguna vez había dirigido su propio circo. Se decía que fue una de las primeras mujeres en entrar en una jaula de fieras salvajes.

Última fotografía conocida de Wild Bill Hickok, probablemente tomada en 1875.

Es difícil saber la verdad sobre Wild Bill. Luchó contra la esclavitud pero también luchó para expulsar a los indios de sus tierras. Decía que sólo había matado a otros en defensa propia, pero algunos aseguraban que era un asesino a sangre fría. Sea como sea, no hay duda de que Wild Bill fue una verdadera leyenda del Oeste.

Esta lápida marca la tumba de James Butler Hickok. En 1876 lo asesinó Jack McCall, en Deadwood, Dakota del Sur, donde reposan sus restos.

La vaquera Calamity Jane (Martha Jane Cannary) aparece
aquí al pie de la tumba de Wild Bill, en Dakota del Sur.
En 1903, Jane fue enterrada al lado de Wild Bill.

CRONOLOGÍA

1837—El 27 de mayo nace James Butler "Wild Bill" Hickok, en Homer, Illinois, ciudad que más tarde se llamó Troy Grove.

1856—Hickok deja su ciudad y se dirige a Kansas.

1861—Conocido ahora como Wild Bill, Hickok se une al ejército de la Unión al comenzar la Guerra Civil.

1862—Wild Bill sirve en el ejército de la Unión como espía.

1867—Hickok trabaja como explorador para la Séptima Caballería durante la guerra de 1867 contra los indios, cuando es nombrado alguacil.

1869—Wild Bill mata a varios hombres.

1873—Se presenta en el espectáculo del Lejano Oeste, de Buffalo Bill.

1876—Cinco meses después de casarse con Agnes Lake Thatcher, Wild Bill es asesinado de un disparo en un bar.

GLOSARIO

abolicionista (el, la) Persona que luchó por la acabar con la esclavitud.

colonizadores (los) Personas que se establecen en una nueva región.

jinete mensajero (el, la) Soldado que lleva mensajes importantes de unos oficiales a otros.

leyenda (la) Historia que pasa de generación en generación y no puede ser probada.

pioneros (los) Personas que inician la exploración de un nuevo territorio.

riña (la) Altercado violento.

tirador (-a) Persona experta en disparar armas de fuego.

SITIOS WEB

Debido a las constantes modificaciones en los sitios de Internet, Rosen Publishing Group, Inc., ha desarrollado un listado de sitios Web relacionados con el tema de este libro. Este sitio se actualiza con regularidad. Por favor, usa este enlace para acceder a la lista:

http://www.rosenlinks.com/fpah/wbhi

LISTA DE FUENTES PRIMARIAS DE IMÁGENES

Página 5: Estas fotografías de William Alonzo Hickok y Polly Butler Hickok posiblemente fueron tomadas a mediados de la década de 1860.

Página 7: Esta ilustración abolicionista en la que aparecen esclavos se halló en 1838 en las ruinas del Salón Antiesclavista de Filadelfia. Se encuentra hoy en la Biblioteca del Congreso.

Página 8: Fotografía de la casa de una granja de Painesville, Ohio, que una vez fue parada del Tren Clandestino.

Página 9: Este pliego ilustra un poema abolicionista de John Greenleaf Whittier publicado en 1837. Se encuentra hoy en la Biblioteca del Congreso de Estados Unidos.

Página 11 (arriba): Esta fotografía de Abilene, Kansas, data de 1879.

Página 11 (abajo): Ilustración de Wild Bill, de la revista *Harper´s New Monthly*, impresa por primera vez en 1867.

Página 13: *Wild Bill, el asesino de indios* fue una novela barata basada en los hechos de la vida de Wild Bill. Esta ilustración se encuentra hoy en la Biblioteca del Congreso de Estados Unidos.

Página 15: Esta fotografía de la Guerra Civil, tomada en 1863, capta a soldados confederados en Charleston, Carolina del Sur, y forma parte de la colección de la Biblioteca del Congreso de Estados Unidos.

Página 17: Wild Bill aparece en esta fotografía, tomada en 1867 por E.E. Henry en Leavenworth, Kansas. El museo Amon Carter, de Forth Worth, Texas, posee hoy la placa original.

Página 19 (arriba): Esta litografía del siglo XIX en la que se pinta un ataque a los indios en el río Tippecanoe, Indiana, se encuentra en el instituto New York Historical Society.

Página 19 (abajo): Detalle de un mapa panorámico en el que aparece Kansas City, Missouri, en 1871 aproximadamente.

Página 20: El general George Armstrong Custer aparece en este dibujo de Alfred Rudolph Waud, realizado en 1864. Actualmente se encuentra en la Biblioteca del Congreso de Estados Unidos.

Página 21: Fotografía sin fecha de Wild Bill, posiblemente tomada en la década de 1870 por Wilbur Blakeslee, en Mendota, Illinois.

Página 23: Este cartel titulado *Buffalo Bill's Wild West and Congress of Rough Riders of the World* ("El Lejano Oeste de Buffalo Bill y la Asamblea Mundial de Jinetes Intrépidos") data de 1899 y se encuentra hoy en el Departamento de Estampas y Fotografías de la Biblioteca del Congreso de Estados Unidos.

Página 24: Esta fotografía de Deadwood, Dakota del Sur, posiblemente tomada en la década de 1870, se encuentra hoy en el instituto South Dakota State Historical Society.

Página 25: Hickok, Texas Jack Omohundro y Buffalo Bill Cody aparecen en esta fotografía sin fecha, probablemente tomada alrededor del año 1873.

Página 27: Fotografía de Wild Bill Hickok tomada en 1878. Actualmente se encuentra en el instituto Nebraska Historical Society, de Lincoln, Nebraska.

Página 29: La vaquera Calamity Jane aparece en esta fotografía tomada en el cementerio de Deadwood, Dakota del Sur, durante la década de 1880.

ÍNDICE

ACERCA DEL AUTOR

Larissa Phillips es escritora. Vive en Brooklyn, Nueva York.